이상한 그림책 나라

이상한 그림책 나라

김참 시집

시인의 말

  그녀의 왼쪽 눈에서 작은 따오기들 달빛 타고 내려와 놀고
그녀의 오른쪽 눈에서 작은 도요새들 햇빛 타고 내려와 노는
아주 이상한 그림책 나라

2025 가을
김참

차례

005　시인의 말

　　　1부
013　시, 담배, 술
014　북향
016　두 세계 사이에서
017　박쥐들
018　피뢰침
020　마루에 놓인 침대
021　호모 사피엔스
022　담배
023　담배는 몸에 해롭다
024　불빛 환한 집
026　화요일
027　초현실 대통령
028　행운목과 기타
029　한밤의 전화
030　가덕, 2021

2부

033　목련
034　동백
035　녹색 망토
036　식물성
037　광합성
038　광물성
039　내 마음의 돌
040　둥근 돌과 파도
041　검은 돌
042　다시, 검은 돌
043　빗방울 노래
044　도마뱀의 길
045　나비
046　초현실 정원
047　늦여름

3부

051 새늘은 하늘길 따라

052 흰 사슴 노래

053 칠산

054 거미들

055 네 개의 귀를 위한 즉흥곡

056 트럼펫

057 Jazz

058 초현실 치과

059 밀실

060 가자미

061 춤추는 원숭이

062 비단뱀의 여행

063 녹색 잠옷 유령들

064 빙점 아래서

065 눈사람

4부

069 사천반점
070 양평
071 길고 이상한 밤
072 유령들
073 비밀결사
074 어둡고 끝없는 꿈
075 산책
076 겨울
077 Jazz
078 삼천당三川堂
080 아주 커다란 그림책
086 오아시스

해설_ 장은영(문학평론가)
087 돌과 나

1부

시, 담배, 술

 마감은 코앞인데 써 놓은 시는 마음에 들지 않는다. 싹 갈아엎고 새로 써야 하나. 예전엔 마감날 곧잘 썼는데 이제는 잘 안된다. 그래, 잠깐 쉬고 하자. 오래전 죽은 흑인 연주자의 몽롱한 기타에 취하는 시간. 예전엔 레코드점에서 엘피판 구해 음악 들었지. 레코드에 바늘 올릴 때까지 내내 설레었는데. 이제는 손가락 까딱하면 음악 흐르는 세상. 그래, 참 좋은 세상이다. 설렘도 떨림도 없는 참 좋은 세상. 갑자기 담배 생각이 난다. 좀 전에 피웠는데 또 생각난다. 투명한 잔에 맥주를 붓고 얼음 동동 띄워 티스푼으로 휘휘 젓는다. 담배에 불붙이고 흰 연기 뿜어대며 한 모금 마셔본다. 시원하고 좋다. 이 좋은 걸 대체 왜들 끊는지 모르겠다. 이 심심한 세상에 술 담배 빼면 대체 무슨 낙이 있다고. 마감은 코앞인데 술 담배 기운에 나는 약간 몽롱해져서, 써 놓은 시를 그냥 보내기로 한다.

북향

 북향 4층 건물, 다소 묘한 그 건물 1층에서 나는 일 년을 일했다. 삼십 년 전이다. 사무실엔 직원이 꽤 많았다. 같은 사무실을 썼지만 우리는 서로 무슨 일을 하는지 잘 몰랐다. 우리 사무실과 똑같은 구조의 사무실들이 우리 사무실에서부터 서쪽으로 이어져 있었다. 사무실엔 볕이 들지 않았다. 감옥은 아니지만, 감옥 같았다. 가끔 옆 사무실 직원이 우리 사무실을 찾아와 싸움을 벌이곤 했다. 의자가 박살 나고 유리창이 깨졌고 누군가 쓰러졌다. 우리는 그런 싸움을 볕이 들지 않는 탓으로 돌렸다. 쉬는 시간이면 화장실 옆 공터에 모여 우리는 담배를 피우거나 잡담을 했다. 잠깐 볕을 쬐다 우리는 각자의 사무실로 흩어졌다. 어제는 사무실을 같이 쓰던 옛 동료의 근황을 들었다. 북향 4층 건물 1층 동쪽 끝에 있던 사무실과 사무실 옆 공터에 줄지어 서 있던 벚나무들이 떠오른다. 옛 동료의 얼굴도 하나둘 떠오른다. 옆자리에서 늘 꾸벅꾸벅 졸던 한 사내의 인상도 떠오른다. 그는 키가 작았지만 다부진 체격에 늘 웃는 얼굴이었다. 우리는 그가 무슨 일을 하는지 몰랐지만, 그가 하는 부업을 모르는 이는 없었다. 복날이 다가오면 그는 오토바이를 타고 낙동강 일대를 돌며 웃는 얼굴로 개를 잡아갔다. 북향 4층 건물, 다소 묘한 구조의 그 건물을 향해 가는 통근버스는 개 시장 옆을 지나쳐 달려갔다. 껍질 벗겨진 개들이 가득하고 행인들로 붐비고 악취가 진동하던 그곳을 기억하는 이는 이제 별로 없으리라. 개 시장은 없어졌고 세월은 제법 흘렀으니까. 북향의 4층 건물, 다소 묘한 구조를 한 그 건물 2층에서 나는 다시 1년을 일했다. 무슨 일을 했는지는 잘 기억나지 않는다.

두 세계 사이에서

기차가 서행하자 유리창 밖 풀밭을 기어가는 초록 뱀 한 마리 보이는, 조금 나른한 오후. 짧은 꿈을 꾸었다. 할머니 등에 업혀 본 웅덩이엔 초록 뱀들이 있었다. 이상하기도 하지. 저 뱀들은 그대로인데 나는 왜 이렇게 커버린 걸까? 생각에 잠긴 사이 기차는 두 세계 사이에 멈춰 있다. 창밖엔 풀밭을 기어가는 초록 뱀들, 나타났다 사라지고 나타났다 사라진다. 완행열차 타고 가며 안팎 없는 꿈을 꾸었다. 초록 뱀들이 자꾸만 나타나 풀밭에서 노는 이상한 꿈이었다.

박쥐들

 1988년, 올림픽도 끝난 어느 스산한 날. 만덕 2동 상공에 나타난 검은 박쥐들 백양산 능선을 돌아다녔다. 산 어디쯤 박쥐 굴이 있는지 조금만 어두워지면 박쥐들은 나타났다가 사라졌다가 나타났다가 사라졌다가 나타났다가 사라졌다. 아무도 말하지 않았지만 모두 알고 있었다. 산 어딘가 커다란 박쥐 굴이 있다는 걸.

 1986년, 어느 오후, 백양중학교 1층 화장실엔 죽은 박쥐 한 마리. 동굴로 착각했던 걸까. 화장실이 어둡긴 해도 동굴처럼 캄캄하진 않은데. 하지만 그런 날도 있다. 오후 내내 어두운 날, 산속 박쥐 굴에서 내려온 박쥐들 쉴 새 없이 출몰하는 날. 집과 집 사이에서, 공중에서, 놀이터와 숲 사이에서 떼 지어 몰려다니는 날.

피뢰침

이젠 헐리고 없는 화명동 주공아파트 옥상엔 피뢰침이 있었는데 내가 사는 아파트엔 피뢰침이 없다. 이상하다. 삼십 년 사이에 피뢰침이 사라졌다. 만덕동 주공아파트 살던 이십팔 년 전에도 옥상에 피뢰침이 있었는데 내가 사는 아파트엔 피뢰침이 없다. 어디로 가버린 걸까. 그 많던 피뢰침들. 삼 년 전 살던 삼계동 부영아파트에도 피뢰침은 없었던 것 같다. 그전에 살던 덕포동 부원아파트엔 피뢰침이 있었던 것 같기도 하고 없었던 것 같기도 하다. 제대하고 옥상에서 담배 피울 때 본 것 같기도 한데 알쏭달쏭하다. 그럴 수도 있다. 내 인생에서 피뢰침은 별로 중요한 게 아니었으니. 지금은 새벽 한 시 오십 분. 차 몰고 나가면 이십 분 만에 도착하겠지만 이 새벽에 피뢰침 확인하러 갈 수는 없는 일이다. 올빼미처럼 거실에 앉아 텔레비전 보는 아내가 이상하게 생각할 테니. 피뢰침 보러 간다고 하면 아내는 나를 이상한 사람이라 생각하겠지.

아파트에서 사라진 게 참 많다. 아랫목 후끈 데워주던 연탄보일러도 사라졌고 1층까지 이어진 쓰레기통도 사라졌다. 분리수거 열풍이 쥐들을 아파트 밖으로 몰아냈다. 인간과 쥐가

동거하던 시절은 그 시절을 기억하는 이의 기억 속에만 남아있을 것이다. 그래도 벼락은 아직 피뢰침을 찾아다니는지 모른다. 아니, 어쩌면 이제 피뢰침 같은 건 없는지도 모른다. 아무렴 어떤가. 어차피 내 인생에서 피뢰침은 그다지 중요한 게 아니니까. 있어도 그만 없어도 그만이니까. 필요 없으면 모두 버리는 무정한 시절. 덕포동 부원아파트에 피뢰침이 있는지 없는지 자꾸 궁금해지는 새벽 두 시 반. 나는 자꾸 그 옛날 내가 본 피뢰침들의 행방을 생각해보는 것이다. 아파트 옥상에 우두커니 서서 우기를 기다리던, 벼락의 다정한 친구 피뢰침들, 옥상을 외롭게 지키던 그 많던 파수꾼들. 아파트가 너무 높아져 이젠 피뢰침이 잘 보이지 않는다.

마루에 놓인 침대

그는 침대에 앉아 구름을 본다. 침대에 누워 책을 읽기도 한다. 초인종 소리에 문 열면 아무도 없는 오후. 그가 침대에 누워있는 동안 구름 위로 비행기가 지나가기도 한다. 비행기 굉음은 그의 사색을 방해한다. 그는 왜 낯선 침대에 누워있어야 하는지 모른다. 하지만 그런 사소한 의문이 마루에 놓인 침대가 있는 그 집을 관찰하는 내 즐거운 놀이에 끼치는 영향은 없다. 침대가 놓인 마루엔 침대와 나란히 붙어 있는 회색 소파도 있다. 그는 침대에 누워 뉴스를 본다. 뉴스를 지켜보는 그의 무게를 지탱하는 침대가 있는 마루. 텔레비전 불빛이 침대와 그의 얼굴을 밝힌다. 멍하니 앉아 침대를 관찰하는 단조로운 날들. 구름 위에 달이 걸리거나 별이 떴다 사라지기도 하지만 마루에 놓인 침대에 관한 나의 사색은 좀처럼 끝날 줄 모른다.

호모 사피엔스

K는 주머니에서 담배를 꺼낸다. 불을 붙이고 한 모금 빨아본다. 초록 풀 돋는 붉은 보도블록 위에 서서 연기를 뿜어본다. 바퀴 달린 커다란 가방을 천천히 끌며 K는 어두워진 하늘을 올려다본다. 샛강이 보이는 버드나무 아래, 풀 돋는 평지에 가방을 세워두고 K는 혼자 중얼거린다. 무슨 말인지 들리지는 않는다. K는 다시 담배를 꺼내 문다. 불을 붙이고 몇 모금 빨아본다. 삽으로 땅을 판 뒤 바퀴 달린 커다란 가방을 깊숙이 묻고 K는 주차한 곳으로 돌아간다. 트렁크를 열고 커다란 가방을 꺼내며 K는 중얼거린다. 이제 두 개 남았나. 아니 세 개인지도 모르겠군. 아카시아 향 아득히 퍼지는 봄밤. 숲에서 밤새들 지저귀고 강에서 은빛 물고기도 튀어 오르는 봄밤. K는 땀 뻘뻘 흘리며 땅을 파고 자꾸만 가방을 묻는다.

담배

도로변 모텔 안내실 앞에 서니 비대면 안내, 코로나 때문이 탄나. 전화를 걸었더니 숙박료를 돈통에 넣어 달란다. 삼만 원을 넣으니 방 번호와 비밀번호를 알려준다. 침대에 누워 뉴스를 보는데 낯선 사람이 문 열고 들어와 묻는다. 제 담배 보셨어요? 내 담배는 본 적 있지만 당신 담배는 본 적 없다고 하니 문 닫고 나간다. 이상한 사람이네, 그런데 비밀번호는 대체 어떻게 알았지?. 해는 떨어지고 할 일도 없어 맥주와 소주 섞어 마시고 알딸딸하게 취했는데. 아까 왔던 사람이 또 찾아와 묻는다. 제 담배 보셨어요? 당신 담배를 본 적은 없지만, 일단 같이 한 대 피웁시다. 우리는 엘리베이터 타고 내려와 흡연 구역을 찾아간다. 그가 호주머니에서 제 담배를 꺼내 나에게 권한다. 나도 호주머니에서 내 담배를 꺼내 그에게 권한다. 우리는 담배에 불을 붙이고 눈 내리는 공중으로 하얀 연기를 뿜어댄다.

담배는 몸에 해롭다

열살아들은내가담배피우는걸싫어한다. 담배는몸에해롭단
다. 담배피운지올해로삼십년. 수기사기갑여단상황실뒤에서

보급품으로나온담배를피워봤다. 머리가핑돌고어질어질, 쓰
러질뻔했다. 그뒤로피운담배가몇갑인지모르겠다. 아버지도

내가담배피우는걸싫어한다. 담배는몸에해롭단다. 당신도환
갑넘어끊었으니사십년은피웠을테고, 어릴적같이바둑둘때,

열살된내앞에서줄담배피워놓고담배는몸에해로우니피우지
말란다. 담배는몸에해롭지만정신건강엔좋다. 이글을쓰면서

얼마나피울지나도모른다. 담배를피울수있을때가행복할때
다. 피우고싶어도그럴수없을때가올수있으니. 이재훈, 정재학

형도끊었단다. 술마실때만피운단다. 두사람모두술꾼인데,
그럼안끊은건가? 때가됐는지담배생각난다. 한대피우고오자.

불빛 환한 집

 길 건너 불빛 환한 집. 방문 열면 욕실이 있고 욕실 문 열면 거실이 있는 낯선 구조. 분명 내 집 같은데 왜 이리 낯선가. 거실 소파에 앉아 있는 하얀 얼굴 낯선 여자는 또 누군가. 꽃집에서 사 온 꽃을 화분에 심는 동안 여자는 말없이 나를 바라본다. 당신은 대체 누구냐고 물으려 하는데 욕실 문이 벌컥 열린다. 샤워하고 나온 검은 얼굴 여자가 담배를 꺼내 피우며 내가 알아들을 수 없는 이상한 나라의 말을 건넨다. 누구냐고 묻는 것 같다. 하얀 얼굴 여자는 창문을 열고 내가 알아들을 수 없는 나라의 말로 노래를 부르기 시작한다. 황당하다. 여기는 분명 내 집인데 대체 무슨 일이란 말인가. 나는 거실과 욕실과 방을 지나 길 건너 불 켜진 편의점으로 간다. 길 가운데 서서 불빛 환한 집을 돌아본다. 두 여자가 화분 늘어선 창문을 통해 거리를 지나가는 사람들을 내려다본다. 길 건너 불빛 환한 집의 옆집에서 현관문 열고 나온 낯선 여자가 길 한가운데 멍하니 서 있는 나를 향해 내가 알아들을 수 없는 이상한 나라의 말로 소리를 지른다. 무단횡단은 안 된다고 하는 것 같다. 편의점 문을 열고 들어가 늘 피우는 담배 한 갑을 주문한다. 편의점 주인이 담배에 불을 붙이며 하얀 손가락을 들어 길 건너 불빛 환한 집을 가리킨다. 내 집을 점령한 낯선 여자들은 당분간 돌아가지 않을 것 같다.

화요일[*]

    화요일인데 낮술 마셨다. 휴일이니까 한 잔이 두 잔이 되고 두 잔이 석 잔이 되어 얼굴 붉어진 우리는 내리는 가을비 속을 걸었다. 골목과 골목을 돌아 우리는 큰 나무가 있다는 술집을 찾아갔다. 벽오동 가지 길게 늘어진 2층 테라스에 앉아 담배도 피우며 우리는 또 마셨다. 한쪽으로만 가지 뻗는 커다란 나무 아래서 우리는 조금 더 몽롱해졌다. 건너편 지붕에서 고양이 한 마리 우리를 물끄러미 내려다보고 있었다. 가을밤은 자꾸 깊어지고 있었다.

  [*] 약속이 있어 대전에 간 그날은 10월 1일 화요일, 국군의날이었다. 국군의날을 공휴일로 지정하고 열병식에 거액을 쏟아부은 대통령, 뭔가 좀 이상하다고 생각했지만, 계엄을 준비하고 있을 줄은 몰랐다. 혈세를 낭비하며 용산에 집무실을 마련할 때부터 뭔가 좀 이상했다. 용산에 국방부가 있고 그의 학교 선배가 국방부 장관인 건 일이 터지고 나서야 알았다. 바둑으로 치자면 포석부터 나름 일관되게 둔 셈이지만 결과는 중반 불계패. 이제는 안 통하는 옛 수법을 쓴 게 그의 패착이다. 문제는 그런 그를 지지하는 사람들도 있다는 것. 지난 토요일, 어머니가 대통령 지지 집회 방송을 보고 있어서 나는 좀 정상적인 방송을 보시라고 했다. 그런데. 어머니는 그 방송이 가장 정상이라고 했다. 나는 깜짝 놀랐다. 하루 더 있을 생각이었으나 더 있다가는 싸움 날 것 같아 그날로 돌아왔다.

초현실 대통령

 국적 불명 초현실 대통령 바쁘게 전화 돌리는 집무실. 마음에 안 드는 놈들 싹 잡아들여 감옥 보내려는 초현실 대통령. 국가의 안녕을 위해 계엄을 선포하고 총 든 군인들 국회로 보낸 초현실 대통령. 미운 놈들 일거에 척결하고 언론과 출판을 검열하고 집회와 시위를 금하는 게 나라 위하는 길이라 생각하는 초현실 대통령. 국적 불명 초현실 대통령에게 묻는다. 우리를 우습게 아는 당신은 대체 누구냐? 이 추운 겨울 우리를 거리로 나서게 하는 당신은 대체 어느 나라 사람이냐?

행운목과 기타

정재학 형은 행운목을 십 년 넘게 길러 이젠 천정에 닿을까 걱정이라는데 나는 행운목만 키우면 죽는다. 꺾어 온 덩굴식물을 물에 담가두었더니 뿌리가 내렸다. 흔한 녀석인데 이름이 생각나지 않는다. 요즘엔 뭐든 기억이 잘 나지 않는다고 어딘가 썼는데 어디였는지 기억나지 않는다. 하지만 어떤 기억은 선명하다. 귀향한 어머니 댁 가는 길에 지나치는 학교. 1학년 때 옆에 앉은 정숙이 필통을 훔쳤다. 외가 아궁이에 숨겨 두었는데 아무리 찾아도 없었다. 2학년 땐 운동회 하다 말고 몰래 도망쳤다. 재미가 없었으니까. 4학년 때도 잠깐 다녔지만 3학년 땐 안 다녔다. 왜 그랬을까? 모르겠다. 기억이 안 난다. 주차하다 생각해보니 깜빡하고 기타를 안 가져왔다. 녹색 잎 무성한 식물만 잔뜩 싣고 왔다. 담배 때문인가? 요즘엔 자꾸 깜빡깜빡한다.

한밤의 전화

 그녀는 내 꿈에 한 번도 나오지 않는다. 꿈에서 가끔 만나는데 기억나지 않는 건지 모르겠다. 몇 해 전 중학교 친구 P, J, P, 그리고 나 넷이 모여 술 마셨다. 조금 취한 내가 그녀 이야기를 꺼내니 누군가 그녀와 연락이 된다고 했다. 전화번호라도 물어볼까 생각하다 말았다. 육회와 소주는 궁합이 괜찮았다. 술이 술술 넘어갔다. 술술 넘어가서 술인지도 모르겠다. 중학교 졸업하고 여섯 번 이사했다. 이제 모두 뿔뿔이 흩어졌을 텐데 P와 나는 한동네 주민. 중학교까지만 같이 다닌 줄 알았는데 대학까지 같이 다닌 걸 알고 P도 나도 깜짝 놀랐다. 캐나다와 우리 동네를 오가며 사는 P, 아직 만덕을 지키는 J, 밀양 사는 P, 그리고 나. 오랜만에 모여 시간 가는 줄 모르는데 갑자기 울리는 전화. 한밤에 웬 여자가 전화냐 했는데, 그녀 목소리다. P가 내 연락처를 알려준 모양이다. 중학교 졸업하고 한 번도 본 적 없는 그녀. 전라도 어디 산다 했는데, 순천 아니면 여수라고 한 것 같은데. 어딘지 잘 기억나지 않는다. 때늦은 짝사랑 고백을 했는지도 기억나지 않는다. 그날은 조금 취했고 어떤 기억은 선명하지 않다.

가덕, 2021

 가덕도 다녀왔습니다. 육지와 섬을 잇는 다리 건너 가덕도 다녀왔습니다. 길가 굴 판매장에서 굴도 사고 줄 서서 기다리다가 밥도 먹었습니다. 식당 이름은 기억나지 않습니다. 밥 먹고 바다 구경하고 파도 소리 듣다 왔습니다. 집으로 올라가는 계단참에서 오늘 갔다 온 데가 어디냐고 물었더니 아이는 밥 먹었던 식당 이름만 기억합니다. 나는 가덕도만 기억하고 아이는 식당 이름만 기억합니다. 둘의 기억을 합쳐야 완전해지는 불완전한 조합. 정아네 집이었는지 선아네 집이었는지 아이에게 물으면 알 수 있겠지만 아이는 집에 있고 나는 병원에 있으니 물어볼 수 없습니다. 갑자기 쓰러진 아버지, 토성동 부산대 병원 침대에 눈감고 누워있습니다. 11월 21일, 밤 아홉 시 삼십 분.

2부

목련

  어린 아들과 산책하다 본 목련. 꽃 이름 알려주었더니 왜 이름이 목련인지 되묻는다. 나는 한 번도 해본 적 없는 어려운 질문. 연꽃 닮은 꽃이 나무에 피어서 목련인지 모르겠다고 했던 생각이 난다. 오래전 누군가 심었을 목련. 수많은 팔 공중에 뻗어 바람에 손 흔들며, 지나가는 사람들에게 인사하는 목련. 걸음 멈추고 서서 공중에서 나풀대는 흰 꽃 물끄러미 바라보는 햇살 좋은 오후.

동백

 한여름에 꽃 피는 이상한 동백나무. 붉은색과 분홍색 꽃 한 가지에서 피는 이상한 동백나무. 그런 나무들 가득한 숲. 나무 사이로 부는 바람 맞으며 나는 동백꽃이 너무나 크다고 생각했다. 그녀는 동백꽃을 처음 보았다고 했다. 숲은 깊었다. 나는 화려하고 커다란 동백꽃 때문에, 자꾸 몽롱해져서, 커다란 나무에 기대어, 붉은 동백꽃 한 송이 머리에 꽂고 바다 쪽으로 걸어가는 그녀의 뒷모습을 가만히 지켜보고 있었다.

녹색 망토

눈이 내린다. 더위가 다 가시지도 않았는데, 눈이 내린다. 이른 첫눈 속을 녹색 망토 걸친 여자가 걷고 있다. 내리는 눈 속에서 분홍 달맞이꽃 활짝 피어나고 있다. 여자는 달맞이꽃을 꺾어 카페 안으로 들어온다. 이제 아무도 망토를 걸치지 않는데, 유행이 지나도 한참 지났는데, 아니 대체 망토가 유행했던 시절이 있기나 했는지 생각하는데, 여자는 내 앞에 앉더니 반갑게 인사를 한다. 나는 여자를 모르는데, 그래서 황당하기만 한데, 도대체 누구냐고 물어보고 싶은데, 손가방에서 담배를 꺼내 불을 붙인 여자가 내게도 권해서 나는 담배부터 피워야 했다. 하지만 나는 그녀가 기억나지 않아서, 미지근한 공기 속에서, 춤추며 떨어져 내리는 눈을 바라보면서, 내 앞의 낯선 그녀가 누군지 한참 생각해야 했다.

식물성

 날이 갈수록 무성해지는 내 몸속 덩굴. 내 피를 수액처럼 빨녀 무섭게 번지는 초록 덩굴. 나는 자주 현기증을 느끼고 아무 데나 쓰러진다. 그러다 눈 뜨면 언제나 숲속. 만물이 진초록으로 빛나는 초여름 숲속이다. 꽃 피고 열매 맺는 내 몸 안팎 덩굴도 짙은 녹색이고 그 녹색 잎 갉아대는 조그만 벌레들도 짙은 녹색이다. 숲 한가운데 앉아 사람이던 시절 우울한 기억은 잊고 녹음 짙어질수록 새잎도 달며 나는 초록 덩굴이 되어 간다.

광합성

　베란다엔 화분이 많다. 브라질이나 남아공이 원산지인 식물부터 누군가 버리고 간 나비란, 외삼촌 밭이 있는 사천이 고향인 머위에다 우리 동네 공원 옆 비탈에서 자라던 털머위까지. 해가 뜨면 화분 속 식물들은 광합성을 한다. 나도 베란다에서 쏟아지는 햇빛을 받는데 광합성은 안 되고 얼굴만 자꾸 탄다. 내 사정 모르는 사람들은 건강해 보인다고 한다. 원래 얼굴이 검어서 그렇다고 웃어넘기지만, 여름 사이 많이 탔다. 그렇지 않아도 까무잡잡한 내 얼굴은 가을이 되면 검은빛에 가까워진다. 베란다엔 화분이 너무 많다.

광물성

 돌 찾아 돌밭을 돌아다닌 박두진, 전봉건 두 선생님. 이제는 갈 수 없는 두 분 대신 일요일에도 다녀오고 어제도 다녀온 돌밭. 내리는 비 맞으며 오늘도 다녀온 돌밭. 비바람 눈바람 모래바람 맞고 돌아다니며 나는 돌처럼 무심해진다. 돌 하나 주워들고 쳐다볼 때마다 나는 옛 기억 하나씩 잊기로 한다. 잊고 싶은 게 내가 주워든 돌처럼 많으니 나는 그리 잘 산 게 아닌가 보다. 뜨거운 여름 햇살 아래 내 얼굴도 팔다리도 검은색으로 물들어간다.

내 마음의 돌

 토요일 아침, 강변 돌밭에서 돌 하나 들고 보다가 내려놓는다. 다시 하나 들었다가 내려놓는다. 강변엔 돌이 많다. 하얀 선 들어간 돌을 들었다가 내려놓고 구멍 숭숭 뚫린 돌도 들었다 내려놓는다. 흰 물새 한 마리 고요히 떠 있는 푸른 강과 돌 찾는 내가 돌아다니는 뜨거운 강변 돌밭. 서로 다른 세계 같다. 강변엔 돌이 많지만 내가 찾는 돌은 보이지 않는다. 9월의 태양은 여전히 뜨거워서 돌밭도 아직 뜨겁다.

둥근 돌과 파도

섬을 한 바퀴 돌았는데 돌밭은 보이지 않는다. 섬을 빠져나오는데 절벽 아래 보이는 돌밭. 물놀이 하는 아이들과 낚시꾼 두엇 보이지만 내려가는 길이 보이지 않는다. 무성한 잡목을 헤치고 비탈 따라 내려가니 마침내 나타나는 넓은 돌밭. 크고 작은 돌들을 살피며 천천히 걸어 본다. 해변엔 둥글둥글한 돌이 많다. 내가 찾는 돌은 보이지 않지만, 둥근 돌들을 쓸고 가는 파도 소리가 참 좋은, 일요일 아침 돌밭.

검은 돌

 당신은 빛도 들지 않는 어두운 방에서 검은 돌을 만듭니다. 우리가 눈 뜨고 하루를 시작하는 아침에도 졸린 눈 비비며 잠드는 늦은 밤에도 당신은 부지런히 검은 돌을 만듭니다. 햇볕 쨍쨍한 한낮 지나 구름 조금 드리워진 여름 오후. 빠르게 번지는 녹색 풀이 강변 돌들을 덮고 있습니다. 달이 뜨면 하늘에서 빛나는 별들보다 더 많은 돌이 해변 돌밭에서 반짝입니다. 그 가운데 당신이 만든 검은 돌도 보입니다. 열대야 이어지는 여름, 잠 못 이루는 사람들은 해변을 돌아다니다가 당신이 놓고 간 검은 돌 옆을 스쳐 지나가기도 합니다.

다시, 검은 돌

 지도에도 없는 작은 물길이 큰 물길과 만나는 곳. 회색 푸른색 갈색 돌들 흩어져 있다. 눌에 삼긴 돌도 있고 길대에 가려 잘 보이지 않는 돌도 있다. 밤마다 누군가 돌들을 물길 여기저기 옮겨 놓는지 물길 옆엔 돌들 참 많기도 하다. 여울 건너 들어간 작은 돌밭에서 반짝이는 검은 돌 하나. 비와 눈에 몸 씻고 바람과 햇볕에 말린 매끈한 피부. 움푹움푹 파인 곳 많은 이상한 몸매. 장생불사 선단을 먹은 것도 아닌데 돌들은 참 오래 산다. 아주 오래전 누군가 무심코 던져 놓았을지도 모를 돌 하나. 물에 닳고 닳아 윤이 나는 검은 돌 하나.

빗방울 노래

 빗방울 떨어진다. 지난달에도 떨어지고 작년에도 떨어지던 빗방울 또 떨어진다. 엄마 등에 업혀 첫나들이 가던 날에도 떨어지고 교실에 앉아 먼 산 볼 때도 떨어지던 빗방울. 수기사 기갑여단 상황실 뒤에서 담배 피우던 여름부터 방공중대 무전실에서 책 읽던 겨울까지 쉬지 않고 떨어지던 빗방울. 14층 내 방에서 음악 들을 때도 2층 술집에서 술 마실 때도 떨어지던 그 빗방울 또 떨어진다. 내가 낮잠 잘 때도 떨어지고 멍하니 구름을 바라볼 때도 떨어지던 빗방울. 내가 태어나던 날부터 강변 돌밭 헤매던 오늘 아침까지, 내가 태어나기 전부터 내가 죽어 세상에 없는 날까지, 나와 당신이 사는 작은 세계를 품고 떨어지는 이토록 커다란 빗방울.

도마뱀의 길

 샛강에 늘어선 나무들 초록빛 물 위에 일렁이는 오후. 칡덩굴 뻗는 길에 도마뱀 한 마리 갸우뚱 머리 내민다. 샛강 물길처럼 우리가 모르는 길 무수히 많으니, 도마뱀에게도 그만 아는 길 있겠지. 그 길 따라 자라는 나무며 풀, 집과 하늘 구름 담은 물 위에 핀 꽃구경하는 도마뱀. 장대비 쏟아지는 밤과 비 그친 새벽과 불볕의 한낮 지나 우리에겐 보이지 않는 길 따라 기어가는 도마뱀. 마실 나왔다 길 잃고 집 찾아가는 작은 도마뱀. 길고 뜨거운 여름의 끝, 도마뱀의 짧은 여행이 끝나가는 시간.

나비

 빈 찻잔을 내려놓는다. 느릿느릿 날아가는 나비 구경하다 잠깐 졸았나? 초여름, 한줄기 소낙비 쏟아졌다 그치고 나니 나는 또 이상한 곳에 와 있다. 길도 없고 집도 없고 차도 없는 들판, 짙은 꽃내음에 현기증이 나는지 노랑나비 흰나비 나풀나풀 춤추는 들판. 나무 그늘 드리운 의자에 앉아 잠깐 조는 사이 누가 나를 이토록 이상한 세계에 옮겨 놓았나. 꽃과 나비로 가득한 들판, 풀밭에 앉아 있던 사람들도 산책하던 사람들도 노랑나비 흰나비로 변해 훨훨 날아다니는 들판.

초현실 정원

바람 부는 오후. 나도 바람 따라 어딘가로 가고 싶은 오후. 하늘엔 하얀 새들. 그 하얀 새들 따라 또 하얀 새들이 날아와서 나는 하늘을 하얗게 물들이는 하얀 새들만 바라본다. 끝없이 몰려오는 하얀 새들은 하얀 구름인가. 하얀 구름 같은 새들이 하얀 구름 너머로 자꾸 사라지는 초현실적인 오후. 나는 개울이 내려다보이는 정원 붉은 플라스틱 의자에 앉아 새 떼들이 향하는 바다 쪽을 쳐다본다. 새들을 몰고 온 바람이 바다 쪽으로만 불어가는 오후. 하늘을 구름처럼 물들이는 하얀 새들을 올려다보며, 날개 펴고 바람 타던 시절, 높이 떠올라 훨훨 날아다니던 시절, 한 마리 새였던 시절을 떠올려보는 것이다.

늦여름

 풀 돋는 마당엔 무덤 하나. 큰길 앞에도 무덤 하나. 왕복 4차선 도로 옆에도 무덤 하나. 대체 누가 죽은 이들을 나무 심듯 여기저기 옮겨 심은 건지. 아직 식지 않은 한낮의 열기와 아직 남은 저녁볕 속에서 아직 살아 있는 내가 이미 죽은 당신과 산책하는 저녁.

3부

새들은 하늘길 따라

　백두산 길가에 연두색 풀 돋는다. 풀밭 건너 상수리나무엔 조그마한 새 몇 마리, 오늘 새벽 우리 동네 뒷산에서 지저귀던 녀석들인지 모른다. 풀밭으로 바람이 불어오고 산자락 연두색 잎들이 흔들린다. 산 어딘가 계신다지만 만난 적 없는 백두산 신령님. 나무에도 풀에도 바람에도 그의 숨결 깃들어 있는 4월. 물금에서 대동 지나 구포 가는 길에서도 보이고 삼랑진에서 상동 지나 대저 가는 길에서도 보이는 백두산. 돗대산 지나 까치산 지나 양산 갈 때도 보이는 백두산. 백두산은 낮은 산, 시례마을 뒷산. 새들은 하늘길 따라가다 가까운 산에 내려와 쉰다. 나무에서 지저귀는 조그만 새들, 분산이나 신어산 혹은 금정, 백양, 구덕 쪽으로 갈 수도 있는 저 작은 새들. 새들은 하늘길 따라 돌아다니다 밤이 오면 가까운 산에 내려가 쉰다.

흰 사슴 노래

　백두산 신령님 한라산 신령님 만나러 갈 때 타고 간 흰 사슴. 꽃향기 은은한 산정에 도착해 새벽달 잠긴 물 마시던 흰 사슴. 어디 갔을까. 달빛 내리는 자작나무숲에도 없고 별빛 쏟아지는 냇가에도 없는 흰 사슴. 노란 꽃 핀 나무 뒤에도 없고 안개 낀 웅덩이 옆에도 없고 별빛 달빛 은은한 백양나무숲에도 없다. 샛강에 잔물결 일으키고 가는 바람, 흔들리는 풀과 퍼지는 풀 향기, 연못으로 뛰어드는 녹색 개구리들. 눈 크게 뜨고 보면 모두 보이지만, 눈 씻고 봐도 보이지 않는 흰 사슴, 흰 사슴들. 귀 활짝 열어도 안 들리는 흰 사슴의 노래. 우리 눈엔 안 보이는 백두산 신령님 한라산 신령님 뒷산 신령님처럼 눈 크게 뜨고 봐도 보이지 않는 흰 사슴들. 귀 활짝 열어도 안 들리는 흰 사슴의 노래.

칠산

 칠산 참외밭 옆 샛강에 황소개구리 묵직한 울음소리 퍼지는 오후. 한가로운 산책길에서 끝없이 펼쳐진 나락 물결을 본다. 바람 불 때마다 파도 소리 내며 춤추는 나락들. 한 편의 시 같다. 샛강에선 커다란 잉어들이 뛰어오르는데 낚시하는 사람 하나 없는 칠산. 봉고차 타고 온 남자가 길가의 파를 뽑아 왔던 길로 돌아간 뒤 샛강에서 커다란 잉어들 다시 뛰어오른다. 원두막도 없는 칠산, 하우스 안에서 참외들 익어 가는 칠산. 집에서 낮잠 자고 있을 아기 생각에 그만 돌아가려는 참인데 느닷없이 나타난 악어 한 마리 샛강으로 뛰어든다. 커다란 파문이 퍼져나간다. 잘못 본 게 아닌데 분명 악어가 샛강으로 들어갔는데, 그럴 수는 없는데, 도대체 무슨 일이 일어나고 있나. 큰 소리로 울어대던 황소개구리들 울음을 그치고 잉어들도 하류 쪽으로 달아나는 오후. 바람에 춤추는 나락을 헤치고 나온 커다란 악어 한 마리 흙탕물 일으키며 샛강을 헤엄쳐 다니고.

거미들

 공중에서 거미들이 내려와 우리에게 검은 항아리를 건네준다. 우리는 그날그날의 기억을 검은 항아리 안에 조금씩 담아둔다. 우리가 꿈꾸는 동안 거미들은 항아리 안에 알을 슨다. 항아리는 하얀 거미알로 가득 찬다. 알에서 깬 거미들은 우리의 기억을 갉아먹으며, 조금씩 자란다. 꽃 피는 봄과 풀 무성한 여름, 거미들은 검은 항아리 밖으로 나와 집과 골목과 계단을 따라 사방팔방 퍼져나간다. 전신주와 전선 사이에, 벽과 벽 사이에, 나뭇가지와 나뭇가지 사이에, 거미의 집들 가득하다. 누군가 거미를 잡으면 누군가의 기억이 심연으로 가라앉는다.

네 개의 귀를 위한 즉흥곡

 의자에 앉아 기타를 친다. 기타를 치려면 의자가 필요하지. 의자는 사실 아무것도 아니라고 누군가 이야기했는데, 누구였는지 잘 기억나지 않는다. 내 기타 소리에 내가 취해 무아지경에 드는데 오래전 소식 끊긴 친구가 문을 열고 들어온다. 나는 그에게 의자 하나를 권한다. 우리는 각자의 의자에 앉아 연주를 시작한다. 내 연주를 듣는 그의 두 귀와 그의 연주를 듣는 내 두 귀. 행복한 꿈이 끝날 때까지 흘러나올 음악, 두 개의 낡은 기타와 네 개의 귀를 위한 슬픈 칼립소.

트럼펫

　그가 트럼펫 부는 동안 비가 왔다. 바람이 불었다. 매미가 울었다. 끼미기기 날아갔다. 구름이 흘러갔다. 그가 트럼펫 부는 동안 자전거가 지나갔다. 오토바이가 지나갔다. 창문이 열렸다. 담배 피우는 입술이 나타났다. 그가 트럼펫 부는 동안 뜨거운 바람이 흘러들어왔다. 도마뱀 한 마리 나무에 올랐다. 그가 트럼펫 부는 동안 해가 졌다. 어두워졌다. 선풍기가 돌아갔다. 찌개가 끓어 넘쳤다.

Jazz

절벽 끝에서 아래를 내려다보는데 초록 물고기 한 마리 날아와 허벅지를 뚫고 간다. 허벅지는 안 아픈데 심장을 후벼 파는 통증, 누가 내 제웅을 만들어 콕콕 찌르고 있나. 죽을 자리 보러 다니는 내 마음도 모르고 누가 살을 날리고 있나. 오늘은 이상하게 구름 한 점 없고 햇살도 너무 좋은데, 이대로 뛰어내리는 게 맞는가 싶어 하늘을 올려다본다. 허공의 파란 물결 헤치며 녹색 비행선 하나 가만히 흘러간다. 비행선에 탄 녹색 눈동자의 남자, 고개 갸웃거리며 나를 내려다본다.

초현실 치과

 아랍음악 흐르는 이상한 치과. 칠척장신 고객들 줄지어 앉아서 듣는 야릇한 음악. 낯설시만 귀에 쏙쏙 들어오는 기이한 반주와 몽롱한 화음. 팔척장신 간호사가 진료실로 안내하는 동안에도 끝없이 들려오는 야릇한 음악. 열대식물 가득한 머나먼 정원 그 먼 곳으로 나를 데려다주는 몽롱한 소리에 취해 있는데. 그라인더 든 구척장신 의사가 입을 벌리라 한다. 뾰족한 주사기가 잇몸을 찌르고 붉은 피 고이는 오후, 윙윙, 위이잉, 위이잉, 그라인드 소리 귓바퀴로 흘러들어온다. 몽롱한 음악과 그라인드 소리 꽈배기처럼 꼬여 달팽이관으로 밀려들어오는 오후 4시의 초현실 치과.

밀실

 목 위에 확성기가 달린 우리. 그런 우리에게 하루에도 몇 번이나 쏟아지는 질문. 머리는 어디 두고 오셨어요? 몰라요. 일어나 보니 머리가 없어졌더라고요. 목 위에 확성기 달린 사람이 모여 사는 이상한 단층 아파트. 뭐라고요? 단층 아파트요? 세상에 단층 아파트도 있어요? 지상은 단층인데, 지하는 101층이에요. 그럼 주차는 어떻게 하죠? 주차요? 나야 모르죠. 나는 차가 없으니까.

 식은땀 흘리며 복기해 본 간밤의 꿈. 지하 5층과 14층, 22층 버튼에 불이 들어와 있었지만, 멈추지 않고 추락하던 엘리베이터. 목 위에 확성기가 달린 이웃들과 함께 커다랗게 비명을 질러도 끝없이 아래로 추락하던 엘리베이터. 지하 101층에서도 멈추지 않고 무저갱으로 떨어져 내리던 밀실. 서로를 비추는 두 거울 속에서 무한 증식하며 추락하던 사람들. 귀가 터지게 소리 지르는 확성기로 가득하던 기괴한 방.

가자미

그녀는 아스팔트에서 아이처럼 뒹군다. 지나가던 사람들이 손가락질한다. 아무에게도 말하지 않았지만, 그녀는 가자미를 좋아한다. 날마다 가자미를 먹고 싶어 한다. 향냄새에 기운이 빠져 가자미를 잡아 줄 수 없다고 했더니 그녀는 벌떡 일어나 내 배를 마구 꼬집는다. 꼬집힐 때마다 비명 질렀더니 그녀는 또 데굴데굴 구른다. 그녀는 가자미가 먹고 싶다며 딱딱한 아스팔트 위를 이리 뒹굴 저리 뒹굴 구르고. 지나가는 사람들은 혀를 차며 손가락질한다. 먹구름 몰려와 비 쏟은 뒤 고인 물에 투명한 가자미들이 둥둥 떠 있는데 그녀는 아직 데굴데굴 굴러다니고.

춤추는 원숭이

　원숭이가 춤추고 있어요. 오래전 허물어진 우리 집 지붕 위에서. 오래전 죽은 당신의 집 지붕 위에서. 오래전 누군가 먹어버린 음식이 차려진 식탁 위에서. 오래전 누군가 떼어 간 커다란 거울 앞에서. 원숭이가 춤추고 있어요. 오래전부터 공중에 떠 있던 중국집 지붕 위에서. 햇볕에 노랗게 탄 얼굴 이리저리 두리번거리며 원숭이가 춤추고 있어요. 꼬리를 채찍처럼 휘두르며 원숭이가 춤추고 있어요. 중국집 지붕에서 뛰어내려와 오래전 없어진 의자에 앉아 오래전 내가 주문한 팔보채를 양장피처럼 먹으며 원숭이가 춤추고 있어요.

비단뱀의 여행

  비단뱀은 전봇대를 감으며 올라갔다. 길은 텅 비었고 전선들은 공중을 가로지르며 뻗어 있었다. 숲과 하늘이 만나는 경계에서 놀이공원 대관람차가 돌고 있었다. 검은 전선을 타고 가던 비단뱀은 주황색과 검은색 체크무늬 지붕에 올라 거리를 뛰어다니는 아이들을 내려다보고 있었다. 건너편 건물엔 둥글게 휘어진 난간을 잡고 비단뱀 구경하는 사람들이 있었다. 비단뱀은 굵은 나뭇가지를 휘감으며 반대편 골목으로 건너갔다. 하늘엔 녹슨 프로펠러 단 비행기들이 떠 있었다. 조각난 구름도 몇 개 떠 있었다.

녹색 잠옷 유령들

 출입 금지 표지판 있는 골목, 집들이 무너지고 있다. 참새들 날던 공중의 길들이 지워지고 있다. 사람들은 카페에 앉아 시원한 커피 마시며 무너지는 집을 바라본다. 내일이면 길 건너편 집들과 회색 시멘트 담과 붉은 벽돌로 쌓은 2층 계단 위 방들도 무너지리라. 한동안 빈집에 살던 녹색 잠옷 차림 유령들이 파란 지붕에서 뛰어내린다. 골목 한쪽에 녹색 잠옷 벗어두고 줄을 맞춰 건널목을 건넌다. 오래된 집들이 있던 골목을 떠난다.

빙점 아래서

가끔 영상으로 올라가는 날이 있어 이 추운 별에도 따스한 시절이 있었음을 떠오르게 하지만, 봄은 오지 않고, 겨울이 계속됩니다. 우리는 빙점 아래서 숨 들이마시고 내뱉습니다. 공중에서 눈이 떨어집니다. 바깥에서 들어온 냉기에 은화식물 잎들 축 처져 있습니다. 도로엔 버려진 자동차들이 가득합니다. 저 녹슨 차들은 언제부터, 빙판 위에 멈춰 있던 걸까요.

흰 달 뜬 밤. 빈 화분 뒹구는 숲 입구와 고사목 가득한 눈밭에 발자국 몇 개 남아있습니다. 개와 고양이와 인간의 흔적들. 아직 살아있는 게 있는 걸 증명이라도 하려는 걸까요. 비 온 뒤 나뭇잎 사이로 비치던 햇살과 보도블록 뚫고 올라온 잡초와 담장 휘감던 덩굴. 맑고 투명한 빗방울이 그 초록 잎들을 적시던 시절. 이 추운 별에도 그런 시절이 있었습니다.

눈사람

누가 거리 위에 저토록 많은 눈사람을 세워놓았을까. 가로수 늘어선 거리에 눈은 자꾸 쌓이고 눈을 몰고 온 찬바람 맞으며 거리로 쏟아져 나온 사람들. 하얀 눈 밟으며 눈사람 구경하는 사람들. 걸음마 뗀 아이도 작은 강아지도 처음 본 눈사람 앞에서 넋을 놓고 있다.

4부

사천반점

 삼천보다는 사천이 더 커서 삼천포는 없어질 운명이었나보다. 귀향한 어머니 댁 가는 길에서 본 사천반점. 흔하디흔한 사천반점이지만, 사천에서 본 사천반점 낡은 간판은 한 편의 시 같다. 녹색 옷 입은 무사들 독한 백주 마시며 조금 이른 저녁을 먹고 있을지도 모를 사천반점, 그 아득한 곳으로, 나도 한번 들어가 볼까? 생각만 해보고 한 번도 가본 적 없는 사천반점.

양평

 삼십 년 전 가보고 가본 적 없는 양평. 너무 오래전이라 무슨 훈련이었는지 기억나지 않지만, 꽤 먼 길이었다. 운전병들은 알았겠지만, 뿌옇게 안개 낀, 그날 새벽 날씨처럼, 우리는 어디로 가는지 알지 못했다. 무전기 안테나를 길게 세운 지프 뒤로 이어진 군용트럭, 장갑차, 전차의 행렬. 아직 어두운 새벽, 졸다 깨다 졸다 깨다 하는데 확성기에서 흘러나온 누군가의 목소리. 누구 목소리였는지는 모르겠다. 오래전 안개 가득한, 그날 새벽 풍경처럼 기억나지 않는다. 동이 트면서 안개가 흩어졌다. 우리는 낯선 들판을 지나고 있었다. 국방색 차량 느린 행렬 길게 이어지는 길가 야트막한 언덕에 연둣빛 배추밭이 펼쳐져 있었다. 낯설고 아름다운 길이었다.

길고 이상한 밤

 밤마다 동네 염소를 잡아먹는 사나운 개들. 어둠 속에서 빛나는 파란 눈동자들. 어둠 속에 서 있는 정체불명 그림자들. 어둠을 가르는 미확인 비행체가 검은 개들과 낯선 그림자들을 흔들고 지나가는 밤. 마을회관 확성기에서 사이렌이 울리고 골목의 가로등이 켜지고 소총 든 녹색 제복 군인들 어둠 속으로 흩어지는 밤. 초록 풀 깔아뭉개며 달리는 군용트럭에서 총성 울리는 밤. 마을 어딘가에서 컹컹컹 개가 짖고 마을 창문들 일제히 열렸다 닫히는 밤. 축사에서 흰 돼지들이 깨어나 꿀꿀대고 놀란 까마귀들 어둠 속으로 흩어지는 밤. 나뭇가지 끝에서 백목련 꽃송이 하나둘셋 자꾸 떨어져 내리는, 길고 이상한 밤.

유령들

 영문도 모른 채 그들은 죽었어요. 사람들이 몰려와 머리통과 팔다리를 주워가도 그들은 마냥 앉아 있었어요. 팔월 뜨거운 바람 맞으며 앉아 있었어요. 무너진 건물들과 건물들 사이에서 사람들이 몰려나와 그들의 얼굴을 주워 갔어요. 얼굴에서 굴러나온 눈을 주워 갔어요. 불탄 턱뼈와 이빨을 주워 갔어요. 거리엔 몸 없는 사람들이 가득해요. 코도 없고 귀도 없는 사람들 어깨와 목 없는 사람들 손과 발 없는 사람들이 가득해요. 거리엔 얼굴 없는 유령들이 넘쳐나요

비밀결사

 장례가 끝나자 그녀는 마을을 떠났다. 먹구름 잔뜩 낀 아침, 뗏목 타고 강을 거슬러 올라가며 그녀는 피리를 불었다. 대숲에서 연둣빛 죽순들 우후죽순 돋아났다.

 시장에서 죽순 팔던 남자가 사라졌다. 아무도 이상하게 생각하지 않았다. 여자도 남자도 사라진 날 밤, 추적추적 비가 내리던 밤, 대숲에서 죽순들이 돋아났다.

 다음날 대숲에 가니 죽순은 없었다. 누군가 모두 잘라간 것 같았다. 계절이 바뀌자 대숲엔 아무것도 없었다. 처음부터 대숲이 아니었던 것처럼 텅 비어 있었다.

어둡고 끝없는 꿈

휘어진 나무들 서 있는 어둡고 끝없는 들판. 소파에 누워 잠들었는데 나는 왜 들판을 걷고 있을까. 휘어진 나무 흔들며 다가와 얼굴 할퀴며 가는 바람은 오래전에 죽은 사람의 손 같다. 북쪽에서 동쪽으로 다시 서쪽으로 달려가는 유령 같은 바람. 죽은 사람들이 바람 타고 달리다가 차갑게 식은 장독 늘어선 어느 집 뜰에서 숨을 고른다. 하얀 새가 우두커니 앉아 있는 장독대 옆 어두운 들판, 그 어두운 들판 위로 빗방울 떨어져 내린다. 자꾸만 둥글게 휘어지는 들판, 어둡고 끝없는 꿈. 소파에 누워 잠들었는데 나는 왜 들판을 걸어야 하나. 왜 차가운 비 맞아야 하나. 죽은 사람들은 왜 내가 알지 못하는 곳으로 흩어져 사라지는가. 어두운 들판에서 바람은 자꾸 불어오고 하얀 새는 장독대 항아리를 차고 날아오른다.

산책

　골목 끝 낯선 집. 어제만 해도 없던 집. 대문 활짝 열려 있다. 잔디를 밟으며 안으로 들어가 보니 나무를 빠져나온 새 한 마리 지붕에서 짹짹거린다. 연못가 철제 의자에 앉아 연꽃을 본다. 연못엔 하얀 연꽃과 검은 연꽃이 동시에 피어난다. 바람이 부는지 잔물결이 인다. 연잎들이 바람에 조금씩 흔들린다. 의자 옆에 돋아난 풀도 풀잎에 붙은 벌레도 조금씩 흔들리고 있다.

겨울

두꺼운 양말 신고 음악 듣는 겨울. 월요일 아침엔 기타와 쳄발로를 위한 실내악. 월요일 밤엔 플루트 하프 피아노를 위한 삼중주. 화요일 새벽엔 무도회에서 압사한 뚱뚱한 후작 부인을 위한 왈츠. 화요일 오후엔 붉은 대문을 타고 오르는 담쟁이덩굴을 위한 둔주곡. 수요일 밤엔 파란 자전거 탄 연인을 위한 환상곡. 목요일엔 나도 파란 자전거 타고 어디론가 떠나고 싶었는데. 겨울 낮은 너무 짧고 듣고 싶은 음악은 너무 많아서 금요일에도 토요일에도 음악만 듣는 겨울.

Jazz

파란 눈 여자의 기타 소리는 검은 나방처럼 날아다닌다. 파란 눈 여자 옆엔 늙은 코끼리 한 마리. 커다란 코끼리 발아래엔 빈 술 항아리 몇 개. 달빛에 빛나는 항아리 뚜껑엔 파란 무당벌레들. 보름달 옆엔 먹구름 떠 있고 먹구름 아래 검은 산이 있고 검은 산 아래 커다란 떡갈나무가 있고 그 아래 코끼리가 누워있는 다소 이상한 구도.

삼천당三川堂

 남천南川엔 큰 물고기가 많았는데 낚시를 던져도 잘 물지 않았다. 한참 후 입질이 있어 끌어올리니 머리는 길쭉하고 꼬리는 넓적한 괴상한 물고기. 낚은 물고기를 들고 보는데 늙은 사내가 다가와 팔라고 했다. 잡은 물고기를 건네주었더니 사내는 음양어 한 쌍을 같은 날 얻었다고 기뻐했다. 삼백 년 기다려 음어를 낚았는데 같은 날 양어도 얻었으니 경사라 했다. 그는 나를 제집으로 이끌었다. 대로변 그의 집은 잔치라도 있는지 시끌벅적했다. 그는 제 딸을 소개하며 아내로 맞으라 했다. 그녀는 나를 보고 자꾸 방긋방긋 웃었다. 나는 아내도 아이도 있었으나 마음이 동했다.

 아내에게 이 사실을 고하러 삼천당 동쪽 끝에 있는 집으로 갔더니 아내도 아이도 없었다. 문간방에 있나 가봤는데 금줄이 쳐져 있었다. 집 밖으로 나가보니 북쪽 골목 너머에서 굽이쳐 흐르는 물소리가 들렸다. 골목에 들어가니 낯선 도랑이 보였다. 회오리치며 흐르는 냇물을 보고 있으니 오싹한 기분이 들어 골목을 빠져나왔다. 그런데 무언가 이상했다. 사람들 북적대던 삼천당 골목엔 아무도 없었다. 모두 어디로 가버린 걸까. 내가 북천北川 구경하는 찰나 시간이 빠르게 흐른 걸까. 뭔가 큰일이 난 것 같았다. 아내와 아이를 찾아 이리저리 헤맸으나 거리엔 아무도 없었다.

급한 마음에 큰길 따라 다시 집 쪽으로 뛰는데 멀리서 흰옷 입은 여자가 다가왔다. 혹시 내 아이를 보았냐고 물으니 여자는 손을 들어 건너편 문을 가리켰다. 달려가 문을 열자 낭떠러지였다. 급한 마음에 뛰어내렸는데 바닥엔 짚이 깔려 있었다. 짚 속에서 작은 손이 튀어나와 내 손을 꽉 잡았다. 이름을 불러 확인해 보니 내 아이가 맞았다. 엄마는 어디 갔냐고 물으니 모른다고 했다. 차가운 빗방울 떨어지고 찬 바람도 부는 길 따라 우리는 집을 향해 걸었다. 세 개의 내를 끼고 있어 삼천당일까? 남천과 북천은 보았는데 나머지는 못 보았으니 어딘가 서천도 있으리라 생각했다.

아주 커다란 그림책

 택배기사가 커다란 상자를 건네준다. 검은 날개에 노란 소용돌이무늬 가방 그림 가득 그려진 포장지 속에 아주 커다란 그림책이 들어있다. 그림책을 펴자 끝없이 넓은 풀밭이 펼쳐진다. 나는 풀밭을 따라 걸으며 그림책 나라로 들어간다.

 뚱뚱한 태양 주위로 소행성이 돌고 있다. 소행성 풀밭엔 소들이 가득하다. 누워있는 소, 앉아 있는 소, 뛰는 소, 걷는 소, 마을버스 모는 소, 마을버스를 탄 소도 있다. 놓친 버스 잡으러 달리는 소도 있고 달리는 소 따라 뛰는 소도 있다. 뛰는 소 따라 달리는 키 큰 얼룩말도 있다.

 마을버스 지나간 모래언덕 너머 푸른 오아시스엔 황소개구리들이 뛰어다니고 있다. 마을버스는 오아시스 너머 붉은 사막을 향해 달리다 모래의 길 위에 잠시 멈춘다. 나는 모래 먼지를 털고 덜컹거리는 버스에 올라탄다. 먼지 가득한 버스 안에서 늙은 젖소가 담배를 피우고 있다. 젊은 젖소도 담배를 피우고 있다. 어린 젖소도 담배를 피우고 있다. 매캐한 연기 뿜어대며 버스는 붉은 사막을 향해 달린다.

선인장 몇 개 서 있는 붉은 사막엔 코끼리 인간들이 돌아다닌다. 코끼리 인간들은 긴 코를 뻗어 모래를 삼키고 있다. 사막엔 코끼리 인간들이 만든 구덩이들 가득하다.

창밖을 본다. 좀 어지럽다. 뿌연 달빛 사이로 노란 반딧불이 날아다닌다. 아무리 생각해봐도 이상한 그림책이다. 그림책을 받은 뒤로 자꾸 이상한 꿈을 꾸지만, 다시 그림책을 펼친다. 그림책 나라에 누군가 버리고 간 잠수함 상판에 민들레가 피어있다.

파란 소가 민들레꽃 씹으며 하늘을 올려다본다. 하늘에 뜬 솜사탕 구름 뚫고 뚱뚱한 염소 세 마리 날아간다. 뚱뚱한 코끼리 인간도 날아간다. 언덕과 들판과 늪을 지나간다. 뜨거운 바람 부는 공중에서 파랗게 타는 태양을 올려다보며.

거센 바람에 유리창이 덜커덕거린다. 태풍 소식이 있었지만 맑기만 하다. 책상 위 그림책이 자꾸 마음에 걸린다. 대체 누가 보낸 걸까. 택배 상자엔 발송자 주소가 없다. 발송자

확인차 택배회사에 전화를 걸면 언제나 통화 중이다. 음악을 틀어놓고 맨손체조 하다 말고 덮어둔 그림책을 펼치면

　검은 뿔테안경 낀 쥐가오리 가족이 풀밭에 누워 구렁이를 잡고 있다. 손가락이 일곱 개씩 달린 긴 팔을 휘저으며 뿔 달린 구렁이들을 잡고 있다. 쥐가오리 가족이 커다란 입을 벌려 검은 구렁이를 꿀꺽꿀꺽 삼키고 있다. 구렁이들은 죽음의 사자가 다가오는 줄 모르고 풀을 뜯는다. 갑자기 다가온 손가락이 광주리에 구렁이들을 주워 담는다. 풀 뜯던 구렁이들 깜짝 놀라 사방으로 흩어진다. 구렁이를 잡던 뿔테안경 쥐가오리 가족이 길게 하품을 하며 풀밭에 벌러덩 드러눕는다.

　아주 커다란 그림책 나라에서 잠든, 커다란 얼룩말 등에서 아주 커다란 무화과나무 싹이 돋아나 무섭게 자라고 있다. 휘어진 가지에 열매가 주렁주렁 매달려 있다. 잠든 엄마 닮은 작은 얼룩말들이 무화과나무 가지에 매달려 새콤달콤 열매를 베어 먹고 있다.

풀밭에 잠든 얼룩말 머리는 대기권 밖에까지 뻗어 있다. 얼룩말 머리엔 일곱 개의 뿔이 달려 있고 뿔 주위로 소행성들이 공전하고 있다. 꼬리를 길게 늘어뜨리고 뿔 주위를 돌던 혜성들이 시커멓게 아가리 벌린 블랙홀 속으로 빨려 들어가고 있다.

 그림책을 접었다 펴니 전에 없던 글자들이 보인다. 그림책을 가득 채우던 것들은 모두 어디로 가버렸는지 보이지 않고 그림책 나라엔 문어 인간들이 가득하다. 문어 인간들이 자전거 타고 언덕을 돌아다닌다. 하늘엔 문어 인간의 반짝이는 머리를 비추는 두 개의 달이 떠 있고 바큇자국 이어진 오아시스엔 흰 물새 몇 마리 떠 있다.

 밤안개 때문에 창밖의 불빛은 흐릿하다. 이런 날엔 도로를 달리는 자동차들이 걱정이지만 오늘 밤엔 불면에 시달리지 않아도 좋겠다고 생각해본다. 문어 인간들도 나와 같은 생각인지 달빛에 반짝이는 머리통을 아래위로 흔든다.

 그림책의 글자들은 영어에서 이탈리아어로 이탈리아어에

서 일본어로 일본어에서 프랑스어로 프랑스어에서 중국어로 중국어에서 독일어로 독일어에서 스페인어로 자꾸 바뀐다. 내가 잠들면 문어 인간들이 그림책 밖으로 나와 책꽂이에 꽂힌 사전들을 꺼내 자꾸만 바뀌는 문장을 해석할지도 모른다.

  커다란 그림책 나라엔 파이프 오르간이 있다. 문어 인간들이 여덟 개의 팔다리 흔들며, 도대체, 누가, 언제 갖다 놓았는지, 아무리, 생각해도, 알 수 없는, 파이프 오르간 주위를 돌아다닐 때마다 모래에 묻힌 잠수함 철판은 조금씩 녹슬어가지만 건반 빠진 파이프 오르간 의자에 앉아 문어 인간들은 정체불명의 문장을 해독하려고 열심히 사전을 넘기고 있다. 문어 인간들의 한숨을 들은 오징어 인간들이 그림책 나라에 도착하자마자 문어 인간들은 모래의 집으로 돌아가 잠을 잔다. 심심한 오징어 인간들은 야전삽을 들고 휘파람을 불며 붉은 모래언덕에 구멍을 판다.

  구멍에서 맑은 물 콸콸 쏟아져 나와 붉은 언덕이 오아시스로 변한다. 달이 지고 파란 해 떠오르면 오징어 인간들은 모래언덕에 미로 같은 구멍 뚫으며 집으로 돌아간다. 모래언덕을 돌아다 니던 파이프 오르간 소리가 새로 생긴 구멍에 들어가 잦아드는 동안 문어 인간들은 땀 뻘뻘 흘리며 엉터리 독해 문제를 푸는 악몽을 꾼다.

그림책을 본 뒤로 날마다 이상한 꿈을 꾸지만, 다시 아무 데나 펼쳐본다. 소나무 가득한 오아시스 너머 초록 들판이 있다. 밀짚모자 쓴 목동이 양 떼 몰아가는 들판 너머 금발 여자가 외발자전거를 타고 돌아다닌다. 여자가 들판을 넘어 오아시스에 도착하면 오아시스는 신기루처럼 사라진다.

뿔테안경 쥐가오리들을 피해 들판을 뛰어다니는 꿈을 꾸다 가 전화벨 소리에 깨어난 새벽. 주무시는 데 죄송합니다. 이사 를 해야 하는데 사다리차 들어갈 자리가 없네요. 미안하지만 차를 좀…. 베란다에서 내려다보니 사다리차가 와 있다. 오아 시스 찾아 떠도는 유목민처럼 이삿짐을 싸는 저들도 어딘가 있을지 모를 저들만의 오아시스를 찾아 떠나는 것이리라.

오아시스

그녀는 외발자전거 타고 오아시스에 도착한다. 그녀의 왼쪽 눈엔 달이 오른쪽 눈엔 해가 박혀 있다. 그녀의 왼쪽 눈에서 작은 따오기들 달빛 타고 내려와 놀고 그녀의 오른쪽 눈에서 작은 도요새들 햇빛 타고 내려와 논다.

해설

돌과 나

장은영(문학평론가)

도마뱀을 좇아

꿈, 환상, 초현실적 이미지로 기억되는 김참의 시는 도구로서의 이미지를 거부해왔다. 그가 만든 시적 이미지는 이미지 그 자체가 목적이자 사유이고, 궁극적으로는 시의 존재 방식을 보여주는 것이었다. 이미지 제작을 존재 양식으로 삼는 호모 픽토르(homo-pictor)임을 증명하듯 시인은 말로 설명하기보다 이미지로써 자신이 감각한 세계를 표현해 온 것인데, 우리가 기억하는 것처럼 그가 만든 시적 이미지는 세계에 대한 기존의 표상에 부합하지 않는다. 매끄러운 서사에 망각을 끼워 넣으며 기억을 단절시키고, 회화에서 경계를 지우는 기법을 시도하듯 명료한 표상을 흐릿하게 만듦으로써 꿈과 현실의 경계를 무력화하는 이미지를 만들어왔기 때문이다. 김참의 시는 주체의 관념에 남아있는 세계의 보편적 이미지를 해체-재배치함으로써 세계를 낯설게 만들고, 세계에 대한 기존의 표상과 그 모든 배후 즉 이성의 선입견과 그에 기초한 지식에서 벗어나고자 하는 예술적 운동이었다.

일상에서 경이를 만들어 내고, 또 경이롭게 살아갈 수 있도록 초현실주의가 사용한 무기가 이미지였던 것처럼 김참이 관심을 두었던 것은 망각이나 꿈처럼 상징적 질서로 편입되지 않은 이미지로서의 사유이고 의미화되지 않은 세계였다. "사고의 실제 작용을, 때로는 구두로, 때로는 필기로, 때로는 여타의 모든 수단으로, 표현하기를 꾀하는 방법"(「초현실주의 선언」(1924), 앙드레 브르통, 『초현실주의 선언』, 황현산 옮김, 2012, 89-90쪽.)을 예술운동으로 선언한 20세기 초현실주의자들이 이성에 간섭받지 않는 '초현실주의적 진실'에 도달하고자 했다면 이를 상속받은 21세기 초현실주의자인 김참은 주체의 불확실성을 수용하며 의미로 봉합된 인간이라는 세계의 경계를 넘는 유목적 주체임을 선언한다. 일곱 번째로 펴낸 이번 시집에서 그는 인간과 비인간의 경계를 묻고 사유하기 위해 이미지를 떠올린다. 자신의 감각을 열어 마주하는 것은 인간중심적 세계가 배제해온 인간 너머의 존재들과 그들이 거주하는 세계이다. 뱀이나 거미와 같은 생명체에서부터 돌과 같은 물질에 이르기까지 비인간 존재들이 세계에 일으키는 파문에 감각을 기울이며 그에 응답하는 길을 찾는다.

앙드레 브르통은 자신이 쓴 「초현실주의 선언」(1924)의 초안을 '뱀처럼 구불거리며 얼 빼는 글줄'이라 표현했다. 선언문이, 눈앞에 보이는 현실이 아닌 다른 현실을 보게 할 것이라는 기대가 담긴 표현이다. 그런데 이성의 억압에 갇히지 않으려는 자에게 뱀은 정신을 흩트리고 혼란케 하는 불온하지만 정신의 자유를 향유하는 상징으로 여겨진 듯하다. 우연이 아니겠지만 김참에게도 뱀은 자신을 다른 곳으로 이끄는 존재를 의미한다. 시인은 어릴 적 본 뱀들 때문에 뱀 꿈을 꾼다고 고백한 바 있다. "나도 내가 만난 뱀들처럼 깊은 잠에서 깨어날 때마다, 보이지 않는 어제의 몸을 벗고 오늘의 나로 새롭게 태어나는 것인지 모른다"(「화제의 시집, 화제의 시」, 『시와세계』, 2022년 여름호)는 그의 고백은 그가 이미 다른 현실에 도착했다는 암시가 아닐까. 이번 시집에서도 자주 목격되는 '도마뱀'은 끊임없이 이동하는 유목적 주체이자 매순간 자기라는 인식을 갱신하는 생성 중인 존재를 상징한다. 꿈과 현실의 경계를 자유롭게 횡단하는 도마뱀은 시인에게 다른 존재-되기의 가능성을 시사한다. "우리에겐 보이지 않는 길 따라 기어가는 도마뱀"(「도마뱀의 길」)을 좇아 시인은 그가 모르는 곳으로 가는 중이다.

그림책과 담배

"이상한 그림책 나라"라는 자서(自序)가 적힌 시집을 펼치면 시인 자신으로 짐작되는 화자의 이야기를 만나게 된다. 화자는 시인인 것 같지만 시를 쓰기보다는 담배를 피우거나 음악을 들으며 몽롱한 상태에 빠지곤 한다. 그는 과거를 떠올려보기도 하고 꿈을 꾸기도 하며 몽상에 가까운 사색에 잠긴다. 그러니까 이 시집은 화자의 꿈과 몽상 그리고 사색의 흔적을 모아놓은 기록물인 셈인데, 시인은 여기에 '그림책'이라는 이름을 붙여놓았다. 그림책이라는 말이 환기하듯 그가 남긴 기록은 언어적 의미로 환원되긴 어려워 보인다. 김참 시에서 반복적으로 등장해온 이미지를 떠올려보라. "그녀의 왼쪽 눈에서 작은 따오기들 달빛 타고 내려와 놀고 그녀의 오른쪽 눈에서 작은 도요새들 햇빛 타고 내려와"(「오아시스」) 노는 기이한 얼굴 이미지는 이 그림책이 낮과 밤, 꿈과 현실, 환상과 실제가 뒤섞여있음을 말해주면서 이 안에서 우리가 무엇을 볼 수 있는가를 묻는다.

이미지에 대한 상징적 의미를 분석해보거나 시인의 무의식적 욕망을 들여다볼 수도 있겠지만 이 그림책이 말하는 자명한 사실, 즉 현실이 언어적 의미로 재현되지 않는다는 것 그리고 세계는 우리 앞에 있는 그대로의 모습을 드러내지 않는다는 것에 주목해보자. 김참은 그림책이라는 비유를 통해 현실 세계를 재현할 수 있다고 믿는 이성의 착각을 비틀고 있는 것이다.

그런데 이번 시집에서 특히 '담배'가 이성을 무력화하는 역할을 담당한다. 흰 연기로 시선을 방해하거나 정신을 몽롱하게 만드는 담배는 이성의 통제하에 만들어진 세계에 대한 표상들을 저지하는 시적 장치로서 표상의 원본인 현실마저 의심하게 만든다.

> 마감은 코앞인데 써 놓은 시는 마음에 들지 않는다. 싹 갈아엎고 새로 써야 하나. 예전엔 마감날 곧잘 썼는데 이제는 잘 안된다. 그래, 잠깐 쉬고 하자. …(중략)… 이 심심한 세상에 술 담배 빼면 대체 무슨 낙이 있다고. 마감은 코앞인데 술 담배 기운에 나는 약간 몽롱해져서, 써 놓은 시를 그냥 보내기로 한다.
> ―「시, 담배, 술」 부분

담배는 화자가 일상에서 향유하는 기호품에 불과하지만 화자로 하여금 자기확실성을 의심하게 하는 매개로 작동한다. 담배를 피우는 화자는 세계와 자기 자신에 대한 의심에 빠지게 되는데, 당황스럽게도 화자는 인식의 불확실성을 '시'라는 텍스트 생산의 조건으로 삼고자 한다. 상황을 살펴보면 시인이라는 직업을 가진 화자는 원고 마감에 임박해 있지만 자신이 쓴 시가 영 마음에 들지 않는다. 잠시 휴식을 갖기로 한 그는 음악을 들으며 술과 담배를 즐긴다. 그러다보니 "약간 몽롱해져서" "써 놓은 시를 그냥 보내기로 한다." 음악, 술, 담배 때문에 정신이 느슨해지자 이미 써 놓은 시에 대한 생각이 달라진 것이다. 그런데 '그냥' 보내기로 했다는 화자의 결심이 우연처럼 보이지만은 않는다. 화자는 이 행위를 통해 시를 쓰는 자신이 어떤 존재인지 보여주고자 하는 것 같다. 시가 마음에 들지 않았던 내가 자신의 시를 스스로 검열하는 이성적 존재였다면 '그냥' 이대로 시를 보내기로 한 '나'는, -「초현실주의 선언」(1924)의 첫 문장에서 말하듯이- "삶에 대한, 삶이 지닌 것 가운데 가장 덧없는 것에 대한 믿음", 즉 '현실의 삶'에 대한 확고한 믿음을 버린 '꿈꾸는 인간'이 아닌가? 덧붙여 말하면 화자는 자신이 만드는 시적 이미지가 이성의 결실이 아니라 꿈과 몽상과 같은 반-이성적 사유의 결실임을 선언한 셈이다. 이러한 자기 선언을 담은 「시, 담배, 술」이 이 시집의 첫 시로 배치된 것은 결코 우연이 아니다.

실제로 여러 편의 시에서 화자나 다른 인물들이 담배를 피우는 장면이 등장할 때마다 이해할 수 없는 우발적 사건들이 벌어진다. 「담배」라는 시에서는 화자가 모텔에서 뉴스를 보는데 "낯선 사람이 문 열고 들어와 묻는다. 제 담배 보셨어요?" 잠시 후 화자가 술을 마시고 취해있는데 다시 그가 찾아와 자신의 담배를 보았느냐고 묻고 화자는 그와 함께 밖으로 나가 담배를 피운다. 또 다른 시에서는 화자가 자신의 집에 들어갔다가 모르는 여자들이 담배를 피우는 모습을 보고는 놀라 밖으로 나오기도 한다. 길에 서서 "불빛 환한 집을 돌아"보던 화자는 편의점에서 담배 한 갑을 주문하고, 편의점 주인은 화자 곁에서 담배를 피운다.(「불빛 환한 집」) 인과관계가 없는 사건이 펼쳐질 때마다 담배도 함께 등장한다. 담배는, 그것을 피우는 동안 연기를 피워올리며 시야를 흐릿하게 하고 정신을 몽롱하게 하지만 화자에게는 바로 그 순간이 현실을 달리 보거나 현실로부터 거리를 두는 계기가 된다. 이성의 질서나 현실의 원칙으로부터 스스로 절연되는 순간을 맞이하는 것이다.

시와 현실의 절연은 시의 구성으로도 나타난다. 본문과 각주로 구성된「화요일」에는 현실과 (의도적으로) 절연된 술과 담배의 시간은 시의 본문에, 실제로 일어난 경험적 사실들은 각주에 서술되어 있다. 각주에 서술된 바처럼 누군가에게는 지극히 정상적인 -계엄을 선포한 대통령을 지지하는 집회 방송을 가장 정상적이라고 주장하는- 현실이 화자에게는 초현실적으로 보인다. 담배를 피우는 행위는 그러한 상황에서 빠져나와 거리를 두게 하고 현실의 삶에 대한 맹목적 믿음이 어떻게 정신을 구속하는지 목격하게 한다. 담배 한 개비를 피우는 동안, 화자는 규칙적으로 흐르는 현실의 시간을 중지시키며 마치 공백에 빠진 것처럼 목적과 질서에서 자유로워지는 것이다. 다시 말해 담배를 피우는 시간은 꿈처럼 현실 밖의 시간이자 현실적 시간에서 벗어난 시간인 셈이다.

화자들이 종종 망각을 경험하는 이유가 여기에 있다. 담배를 피우는 동안 화자에게 일어난 일들은 현실을 지배하는 균질적, 연속적 시간으로 배열할 수 없다. 현실에 구애되지 않는 정신의 자유로움을 누리는 화자에게 망각은 필연적 경험이고, 망각의 주체로서 갖는 자기불확실성 역시 필연적 결과이다.

　요즘엔 뭐든 기억이 잘 나지 않는다고 어딘가 썼는데 어디였는지 기억나지 않는다. 하지만 어떤 기억은 선명하다. 귀향한 어머니 댁 가는 길에 지나치는 학교. 1학년 때 옆에 앉은 정숙이 필통을 훔쳤다. 외가 아궁이에 숨겨 두었는데 아무리 찾아도 없었다. 2학년 땐 운동회 하다 말고 몰래 도망쳤다. 재미가 없었으니까. 4학년 때도 잠깐 다녔지만 3학년 땐 안 다녔다. 왜 그랬을까? 모르겠다. 기억이 안 난다. 주차하다 생각해보니 깜빡하고 기타를 안 가져왔다. 녹색 잎 무성한 식물만 잔뜩 싣고 왔다. 담배 때문인가? 요즘엔 자꾸 깜빡깜빡한다.
　　　　　　　　　　　　　　　　―「행운목과 기타」부분

　나는 여자를 모르는데, 그래서 황당하기만 한데, 도대체 누구냐고 물어보고 싶은데, 손가방에서 담배를 꺼내 불을 붙인 여자가 내게도 권해서 나는 담배부터 피워야 했다. 하지만 나는 그녀가 기억나지 않아서, 미지근한 공기 속에서, 춤추며 떨어져 내리는 눈을 바라보면서, 내 앞의 낯선 그녀가 누군지 한참 생각해야 했다.
　　　　　　　　　　　　　　　　―「녹색 망토」부분

　망각의 경험을 드러낸 두 시는 김참 시의 또 다른 특징인 서술성을 잘 보여준다. 일반적으로 서술은 시간의 흐름이나 순서에 따라 일어난 일들을 말하는 방식이다. 누군가의 과거에 대한 서술은 그의 삶이 질서정연하고 연속적인 것처럼 여기게 만들기 마련이다. 그런데 김참 시의 서술성은 그와 다르다. 위 시에서 망각으로 인한 시간의 단절을 경험한 화자들이 서술하는 것은 인과적 질서에 위배될 뿐 아니라 시간적 연속성을 상실한 파편적 기억일 뿐이다. 김참에게 서술성이란, 논리적으로 전개되는 선형적 이야기가 아니라 원인을 알 수 없는 일들이 꼬리에 꼬리를 물고 산발적으로 뻗어나가는 비선형적 이야기를 전달하는 방식인 것이다.

「행운목과 기타」에서 화자는 어린 시절 있었던 일만 기억하지 못하는 것이 아니라 좀 전의 일도 깜빡하고 마는데, 자꾸 깜빡하게 된 이유가 "담배 때문인가?" 의심한다. 「녹색 망토」에서는 유행 지난 녹색 망토를 걸친 여자가 권하는 담배를 피우면서 "낯선 그녀가 누군지 한참 생각"한다. 자꾸 반복되는 망각은 과거와 현재를 시간을 분절하고 화자의 기억까지도 의심하게 만들고 마침내 화자는 나는 누구일까라는 질문을 마주하게 된다. '나'라는 자기 확실성이 연속적 시간이라는 환상이 유지될 때 가능한 것이라면 망각에 빠지는 김참의 화자들은 불연속적으로 등장하는 '나'에 대한 불확실성과 대면할 수밖에 없다. 그러나 망각 속에서 자기 자신을 의심해야 하는 화자들은 어쩐 일인지 불안해 보이지 않는다.

스스로를 증명할 수 없는 '나'는 누구일까? 담배 때문인지, 망각 때문인지 '나'는 몽롱하기만 하다. 분명한 건, '나'를 증명해줄 수 있는 것은 내가 아니라는 사실과 내가 세계 속에서 다른 것들과 함께 존재하고 있다는 사실 뿐이다. 이름은 기억나지 않지만 "꺾어 온 덩굴식물을 물에 담가두었더니 뿌리가 내"리고 어느새 "녹색 잎 무성한 식물"이 되었음을 보라. 이것은 화자가 세계와 함께 존재하고 있음을 말해주는 증거가 아닌가. 혹은 누구인지 알 수 없지만 화자에게 반갑게 인사를 하고 담배를 권하는 '그녀'를 보라. '그녀'라는 타인이야말로 내가 여기 있음을 증명하는 가장 확실한 증거가 아닌가. '나'는 스스로를 확신할 수 없는 불완전한 존재지만 내가 속한 세계에 있는 다른 존재와의 관계 속에서 매순간 증명되고 있다. 그들이 증명하는 내가 모두 같은 '나'라고 말할 수는 없지만 '나'의 존재 가능성은 꼬리에 꼬리를 물고 이어진다.

돌과 나

표상의 해체와 낯선 이미지의 제작을 실험해온 시인이 근래에 관심을 두는 것은 인간이라는 경계를 벗어난 존재들과 그들이 시인과 함께 거주하는 세계이다. 사실 그는 인간과 비인간 존재를 아우르는 시적 상상력에 기대어 신비로운 공생의 이미지를 이미 보여준 바 있다. "좁은 방에서 종일 잠만 자는 아이와 함께 해 질 녘 붉은 빛에 물든 초록 거미의 알들. 비 그치면 알을 뚫고 나와 사라진 어미 대신 좁은 방과 어두운 복도를 지킬 작은 아이들이 잠자는 둥글고 고요한 저 초록의 방"(「초록 거미의 방」, 『초록 거미』, 신생, 2022)을 떠올려보자. 모래알만큼 작은 생명의 공간인 "초록 거미의 알"에서 태어날 "작은 아이들"과 "종일 잠만 자는" 아기가 하나의 세계를 공유하는 존재임을 환기하는 상상력은 인간중심주의를 벗어난 생태적 사유를 엿보게도 했다. 이번 시집에서도 김참은 인간만이 행위자인 세계를 벗어나 인간과 함께 세계를 공유하는 비인간 존재들을 시에 끌어들인다. 관찰의 시선이라기보다는 서로 어우러지는 조응의 시선으로 곤충, 짐승 같은 생명체만이 아니라 물, 나무, 돌처럼 우리가 세계라고 부르는 물질에 이르기까지 광범위한 비인간 존재들을 시의 주인공으로 불러낸다. "눈 크게 뜨고 봐도 보이지 않"았던 "흰 사슴들"을 보기 위해, "귀 활짝 열어도 안 들리는 흰 사슴의 노래"(「흰 사슴 노래」)를 듣기 위해 시인은 언제나 주체였던 인간이 타자의 자리에 밀어 넣었던 존재들 쪽으로 바짝 다가선다.

김참은 돌을 수집하러 갔던 경험을 몇 편의 시로 썼는데, 돌 시편은 비인간 존재들에 대한 시인의 특별한 관심을 볼 수 있는 작품들이다. 돌 시편은, 낯선 환상적 이미지를 보여주는 특유의 시풍에서 벗어나 시적 자아가 자연과의 합일을 이루는 듯한 서정마저 느껴진다. 하지만 주객의 거리 부재에 따른 융화와 회감(回感)에서 비롯하는 전통적 서정과 달리 돌에 대한 서정은 '돌'과 '나'의 하나됨이라는 동일화에 이르지 않는다. '돌'과 '나'는 세계를 공유하며 서로에게 스며들며 상호적인 변화를 겪지만 하나가 될 수 없는 존재로 남는다. 시인은 단지 돌과 함께 바람에 흩날리고 물살에 깎이면서 시계로 측정할 수 없는 돌의 삶을 배우는 중인 것만 같다. 김참이 보여주는 '돌'과 '나'의 관계는 인류학자 팀 잉골드가 말한 것처럼 존재 간의 상호작용과는 다른 조응(correspondences)으로 명명될 수 있을 것 같다. 상호작용이 사이(between-ness)에서 존재하는 것이라면 이와 달리 조응은 각각의 존재가 어우러지는 와중(in-between-ness)에 서로 얽히고 삶들의 전개와 생성의 흐름에 함께 관여하며 나아가는 것을 의미한다. 조응은 계속 이어지는 하나의 과정이며 특정한 목적이나 결론을 향하지 않은 채 열려있는 대화에 비유되기도 한다. 꼬리에 꼬리를 무는 이 대화에 참여한 존재들은 조응의 관계 속에서 함께 변화해 간다.(팀 잉골드, 『조응』, 김현우 옮김, 가망서사, 2024, 30-36쪽.)

'돌'에 대한 '나'의 태도를 좀 더 세심히 들여다보자. 「내 마음의 돌」에서 화자는 강변을 걸으며 "돌 하나 들고 보다가 내려놓"기를 반복한다. "내 마음의 돌"을 찾고자 했지만 그는 끝내 찾지 못하고 오히려 돌과 내가 "서로 다른 세계"에 속해 있음을 감지한다. 이는 돌 수집을 하는 화자 자신이 여전히 인간중심적 세계에 머물고 있다는 반성과 다르지 않다. 다시 말해 "내가 찾는 돌"이 "보이지 않"는 이유는 찾고자 하는 돌이 '나'의 사유 안에 있는 것이기 때문이다. 당연하게도 뜨거운 돌밭에서 화자가 마음속에 떠올린 돌 표상과 동일한 돌을 찾을 수는 없는 법이다. 화자는 돌 찾기를 그만두고 있는 그대로의 돌을 주시한다. "둥근 돌들을 쓸고 가는 파도 소리" 들으며 자신이 알 수 없는 돌의 시간을 생각한다. 돌도 인간인 자신과 마찬가지로 다른 존재와 얽히거나 스며들면서 그로 인해 표면

이 깎이고 닳는 행위자로서의 존재임을 떠올려본다.

    지도에도 없는 작은 물길이 큰 물길과 만나는 곳. 회색 푸른색 갈색 돌들 흩어져 있다. 물에 잠긴 돌도 있고 갈대에 가려 잘 보이지 않는 돌도 있다. 밤마다 누군가 돌들을 물길 여기저기 옮겨 놓는지 물길 옆엔 돌들 참 많기도 하다. 여울 건너 들어간 작은 돌밭에서 반짝이는 검은 돌 하나. 비와 눈에 몸 씻고 바람과 햇볕에 말린 매끈한 피부. 움푹움푹 파인 곳 많은 이상한 몸매. 장생불사 선단을 먹은 것도 아닌데 돌들은 참 오래 산다. 아주 오래전 누군가 무심코 던져 놓았을지도 모를 돌 하나. 물에 닳고 닳아 윤이 나는 검은 돌 하나.
　　　　　　　　　　　　　　　　—「다시, 검은 돌」 전문

"지도에도 없는 작은 물길이 큰 물길과 만나는 곳"은 어디인가. 인간의 인식을 통해 파악되는 현실 밖의 장소를 초현실이라고 해도 틀린 말은 아니겠지만, 분명하게 존재하는 저 돌들이 물을 따라 길을 따라 어디에서 어디로 흘러가는지 모른다고 해서 그것을 초현실이라고 말할 수는 없다. "움푹움푹 파인" 돌의 몸이 말해주듯이 돌은 우리가 모르는 시간 동안 산비탈을 구르고 강변을 구르고 모래밭을 구르면서 돌과 돌 아닌 것의 경계를 변화시켜왔다. 그것은 초현실이 아닌 인간 너머의 현실일 뿐이다. 화자는 돌을 바라보며 자신이 짐작조차 할 수 없었던 돌의 시간을 거슬러 가본다. 100년도 벅찬 인간보다 오래 사는 돌, 물과 땅만이 아니라 비와 바람에도 피부가 깎이고 패여 언제나 새로운 모습으로 변신 중인 돌의 삶을 상상한다.

김참은 돌 시편을 통해 조응의 관계 속에서 돌과 자신이 함께 존재하고 있음을 말한다. 돌과 함께 세계 속에 존재한다는 것은 매순간 지금의 '나'와 다른 '나'로 이행하는 일이라는 듯이 "비바람 눈바람 모래바람 맞"으며 돌밭을 헤매면서 돌과 섞이더니 "돌처럼 무심해"(「광물성」)지기도 한다. 그는 흐르는 물살에 매끄러워지는 돌의 표면처럼 돌과 함께 지금과 다른 존재가 되어보는 중이다. 김참은 '나'라는 주체가 인간/비인간 존재자들과 함께 생성 중인 세계에 속해 있음을 발견하고는, '나'와 함께 운동하는 '함께-되기(Becoming-with)'의 세계를 이렇게 노래한다. "내가 태어나기 전부터 내가 죽어 세상에 없는 날까지, 나와 당신이 사는 작은 세계를 품고 떨어지는 이토록 커다란 빗방울"(「빗방울 노래」)이라고.

덧붙이는 말

우리는 왜 이토록 시적 이미지에 끌리는 걸까? 발터 벤야민의 말처럼 우리가 이미지의 세계에 끌리는 것은 이성(지식)에 대한 어떤 은밀한 반항심 때문이 아닐까? 만약 독자로서 당신이 이 시집의 시적 이미지에 이미 매료되었다면 그 이유는 당신이 합리적 사유와 질서에 대한 반항심의 소유자이기 때문인지도 모른다. 그리고 당신과 마찬가지로 그러한 반항심을 가진 호모 픽토르가 꿈꾸는 것은 자명한 것들의 권위를 빼앗고

확실한 세계를 흐릿하고 모호하게 만드는 이미지이다. 세계를 바라보는 시선의 주체마저 자기를 불확실성에 빠뜨리고 마침내는 세계로 스며들 듯 세계와 조응하는 호모 픽토르로서의 시인은 전복적이지만 창조적인 존재-되기를 꿈꾼다.

    창조적인 존재로서 시인은 다음과 같이 선언한다. 세계를 상징적 질서에 복속시키는 이성의 힘으로부터 탈출하는 언어의 운동으로서의 시를, 인식의 정체를 초래하는 합리적 사유로부터 해방된 시적 이미지의 제작을, 끝으로 '나'와 세계가 함께 변화하고 생성되는 존재임을 받아들이며 "바람이" 불면 "잔물결"이 일듯, "연잎들이 바람에 조금씩 흔들"리듯이, "풀도 풀잎에 붙은 벌레도 조금씩 흔들리"(「산책」)듯 세계를 구성하는 모든 존재들의 부름에 응답하는 존재-되기를.

신생시선 · 68
이상한 그림책 나라

지은이 · 김참
펴낸이 · 원양희
펴낸곳 · 도서출판 **신생**

등록 · 제2003-000011호
주소 · 48932 부산광역시 중구 대청로 135번길 5(401호)
　　　 lapori01@hanmail.net　http://sinsaeng.com
전화 · 051-466-2006
팩스 · 051-441-4445

제1판 제1쇄 · 2025년 10월 20일

공급처 · 도서출판 전망

값 10,000원

979-11-94345-04-6

*저자와의 협의에 의해 인지를 생략합니다.
*이 책 내용의 전부 또는 일부를 재사용하려면 반드시 저작권자와 신생 양측의 동의를 받아야 합니다.